Criptomoneda 101

Una guía para principiantes sobre Bitcoin, Ethereum, blockchain y los conceptos básicos de las monedas digitales

Por Joe Correa

Publicado por Live Stronger Faster

Primera edición

Tabla de Contenidos

Introducción 4

Capítulo 1: ¿Qué es la criptomoneda y por qué es importante? 8

Capítulo 2: La historia y evolución del dinero 15

Capítulo 3: Comprendiendo la tecnología blockchain 20

Capítulo 4: Cómo funciona Bitcoin 26

Capítulo 5: Cómo funciona Ethereum y el poder de los contratos inteligentes 31

Capítulo 6: Altcoins y en qué se diferencian de Bitcoin y Ethereum 36

Capítulo 7: Stablecoins y su papel en la economía cripto 41

Capítulo 8: Cómo comprar, vender y almacenar criptomonedas de forma segura 46

Capítulo 9: Cómo evitar estafas y errores comunes en las criptomonedas 51

Capítulo 10: El futuro de la criptomoneda y la tecnología blockchain 55

Capítulo 11: Impuestos y consideraciones legales de las criptomonedas 59

Capítulo 12: Construyendo una estrategia de inversión en criptomonedas a largo plazo 64

Epílogo: Tu viaje en el mundo de las criptomonedas 69

Introducción

Bienvenido a Criptomoneda 101, el primer libro de la serie Crypto Wealth Academy. Si tienes este libro en tus manos, es muy probable que hayas escuchado sobre Bitcoin, Ethereum, o quizás hayas visto historias de personas comunes que han convertido pequeñas inversiones en riquezas que cambian la vida, y te estás preguntando qué significa todo esto y cómo puedes formar parte. Estás en el lugar correcto. Este libro fue creado para ser tu guía clara, práctica y sin tecnicismos para comprender los fundamentos de las criptomonedas, sin necesidad de tener experiencia en finanzas o informática.

La criptomoneda no se trata solo de "ganar dinero rápido" o de subirse a una tendencia digital. Representa un cambio profundo: una transformación fundamental en la forma en que funcionan el dinero, la confianza, el valor y la propiedad en la era digital. Así como el internet cambió la comunicación para siempre, la tecnología blockchain y las criptomonedas están cambiando la forma en que almacenamos valor, realizamos transacciones y construimos riqueza. Pero con todo el ruido, las estafas, la exageración y el lenguaje técnico que existe, es fácil sentirse abrumado o intimidado. Por eso este libro desglosa todo desde el principio.

Comenzaremos respondiendo las preguntas más básicas —pero también las más importantes—: ¿Qué es la criptomoneda? ¿Qué es blockchain? ¿Cómo funciona Bitcoin? ¿Por qué Ethereum es importante? ¿Qué hace que este sistema sea diferente del sistema bancario tradicional? ¿Y cómo puede una persona común empezar a usar e invertir en esta nueva economía digital de forma segura e inteligente?

Ya sea que tu objetivo sea invertir unos pocos cientos de dólares, generar ingresos a tiempo completo con criptomonedas, o simplemente entender de qué hablan tus hijos o compañeros de trabajo, este libro es el punto de partida perfecto. Aprenderás cómo funcionan las billeteras digitales, qué significa la minería, las diferencias entre tokens y monedas, cómo comprar y almacenar criptomonedas de forma segura, y lo más importante: cómo evitar los errores comunes de principiantes que llevan a perder dinero o caer en estafas. También obtendrás contexto sobre la historia del dinero, las fallas de las finanzas centralizadas y cómo blockchain está resolviendo problemas reales a nivel global.

Pero esto no se trata solo de conocimiento. La serie Crypto Wealth Academy trata sobre transformación. Se trata de prepararte para tomar acción y construir riqueza digital duradera, de la misma forma en que generaciones anteriores aprendieron a invertir en acciones o bienes raíces. Solo que ahora las reglas son diferentes y las oportunidades se mueven mucho más rápido. Estamos entrando en un futuro donde las finanzas descentralizadas, los activos tokenizados, los contratos inteligentes y el dinero sin fronteras se están convirtiendo en la norma, y quienes entiendan estas herramientas desde temprano serán los que más se beneficien.

Cada capítulo de este libro está diseñado para aumentar tu confianza paso a paso. Al final de Criptomoneda 101, no solo entenderás los conceptos básicos, sino que también podrás explicárselos a otra persona. Te sentirás preparado para dar tus primeros pasos comprando, almacenando y protegiendo criptomonedas. Y lo más importante, estarás listo para continuar con los siguientes libros de esta serie, donde profundizaremos en estrategias de inversión, oportunidades de ingresos pasivos, plataformas DeFi, NFTs, impuestos de criptomonedas, trading avanzado e incluso la creación de tus propios proyectos cripto.

He diseñado esta serie para seguir un camino de aprendizaje natural —desde principiante absoluto hasta usuario avanzado— manteniendo todo práctico, realista y fácil de seguir. He trabajado con nuevos usuarios de criptomonedas de todos los perfiles, y conozco exactamente los obstáculos que enfrentan. Por eso mantenemos el lenguaje técnico al mínimo y nos enfocamos en claridad y resultados. Esto no es solo teoría: es conocimiento real que puedes aplicar hoy mismo, sin importar en qué parte del mundo te encuentres.

Así que prepárate. Ya seas completamente nuevo en el mundo de las criptomonedas o simplemente necesites un repaso, este primer libro sentará las bases para tu camino hacia la libertad financiera digital. Toma notas, haz pausas para reflexionar, revisa las secciones clave cuando sea necesario y, sobre todo, toma acción. El futuro del dinero no está por venir: ya está aquí. La única pregunta es si observarás desde afuera o si entrarás al juego. Comencemos.

Capítulo 1: ¿Qué es la criptomoneda y por qué es importante?

La criptomoneda es un tipo de moneda digital que utiliza criptografía —una forma de matemáticas avanzadas y programación— para asegurar las transacciones, controlar la creación de nuevas unidades y verificar la transferencia de activos en una red descentralizada. A diferencia de las monedas tradicionales como el dólar estadounidense o el euro, la criptomoneda no es emitida por ningún gobierno ni autoridad central. En su lugar, opera en una red entre pares, lo que significa que las transacciones ocurren directamente entre usuarios sin necesidad de un banco o intermediario. Esto es posible gracias a la tecnología blockchain, que es la base de todas las criptomonedas.

Una blockchain es un libro mayor distribuido —esencialmente una base de datos compartida— que registra todas las transacciones en orden cronológico. Lo único de este sistema es que se mantiene a través de una red de computadoras llamadas nodos, y cada participante tiene una copia. Una vez que una transacción se agrega a la blockchain, es casi imposible cambiarla o eliminarla. Esto la hace extremadamente segura y transparente, lo cual es una de las principales razones por las que la criptomoneda ha ganado tanta popularidad. Ninguna persona u organización controla la blockchain, lo que la hace resistente a la censura, el fraude y la interferencia gubernamental.

Bitcoin, la primera y más conocida criptomoneda, fue creada en 2009 por una persona o grupo desconocido bajo el seudónimo de Satoshi Nakamoto. Fue introducida como respuesta a la crisis financiera global de 2008, con el objetivo de crear una moneda que no pudiera ser manipulada por bancos o gobiernos. Bitcoin permite a las personas enviar valor a través de internet sin depender de la confianza en una autoridad central. Desde entonces, se han creado miles de otras criptomonedas, cada una con sus propias características, propósitos y comunidades. Ethereum, por ejemplo, introdujo los contratos inteligentes —acuerdos autoejecutables que realizan acciones automáticamente cuando se cumplen ciertas condiciones— abriendo la puerta a aplicaciones descentralizadas que funcionan sin interrupciones ni intervención humana.

El atractivo de la criptomoneda radica en sus ventajas únicas frente al dinero tradicional. Primero, es global. Puedes enviar criptomonedas a cualquier persona en cualquier parte del mundo en cuestión de minutos, sin preocuparte por conversiones de moneda, horarios bancarios o tarifas internacionales. Segundo, promueve la inclusión financiera. Millones de personas no tienen acceso a cuentas bancarias, pero pueden usar criptomonedas con solo un teléfono inteligente y conexión a internet. Tercero, ofrece transparencia y seguridad gracias a la tecnología blockchain. Todas las transacciones se registran públicamente, mientras que la identidad personal se mantiene privada mediante direcciones digitales.

Sin embargo, es importante entender que la criptomoneda también conlleva riesgos. Los precios pueden ser extremadamente volátiles, con cambios drásticos en cuestión de horas o días. Esto puede generar grandes ganancias, pero también pérdidas significativas. Además, el ecosistema aún es relativamente nuevo y en muchos países poco regulado, lo que lo convierte en un objetivo para estafas, hackeos y proyectos fraudulentos. Sin la educación adecuada, los principiantes pueden perder dinero fácilmente al enviar fondos a direcciones incorrectas, invertir en proyectos falsos o no proteger correctamente sus claves privadas.

Comprender cómo funciona la criptomoneda es el primer paso para usarla eficazmente. En esencia, las transacciones son verificadas por una red de computadoras mediante mecanismos de consenso. Bitcoin utiliza prueba de trabajo, donde los mineros resuelven problemas matemáticos complejos para validar transacciones y obtener recompensas. Ethereum está en transición hacia prueba de participación, donde los validadores son seleccionados según la cantidad de criptomoneda que poseen y están dispuestos a "apostar" como garantía. Estos sistemas permiten que la red funcione de manera justa sin depender de una autoridad central.

Para comenzar, la clave es empezar poco a poco y enfocarse en aprender antes de invertir grandes cantidades de dinero. Esto incluye configurar una billetera digital segura, entender la diferencia entre billeteras calientes (conectadas a internet) y frías (almacenamiento fuera de línea), y aprender a comprar, vender y almacenar criptomonedas de forma segura. También implica mantenerse actualizado sobre noticias, regulaciones y avances tecnológicos. El mundo de las criptomonedas evoluciona rápidamente, y lo que es cierto hoy puede cambiar en pocos meses.

En resumen, la criptomoneda es importante porque representa un cambio en la forma en que entendemos el dinero, la propiedad y la confianza. Empodera a las personas para controlar su riqueza sin depender de bancos, abre oportunidades financieras a quienes han sido excluidos del sistema tradicional y ofrece una forma transparente y segura de transferir valor. Al mismo tiempo, exige responsabilidad personal, ya que no existe un servicio al cliente al que acudir si cometes un error. Si la abordas con curiosidad, precaución y el conocimiento adecuado, la criptomoneda puede convertirse en una herramienta poderosa para construir riqueza en la era digital.

Ahora veamos una historia interesante.

En un pequeño pueblo a las afueras de Lisboa, una joven llamada Sofía estaba sentada en un café lleno, con su laptop abierta y un espresso caliente a su lado. Tenía 27 años y trabajaba como diseñadora gráfica independiente. Aunque sus ingresos eran estables, siempre sentía el peso invisible de la inseguridad financiera. Una noche, un cliente de Singapur le ofreció pagarle con algo llamado "Bitcoin". En ese momento, no tenía idea de qué era, pero la curiosidad la llevó a investigar durante horas, leyendo artículos y viendo videos para entender por qué alguien usaría una moneda digital en lugar de dinero tradicional.

Su primer descubrimiento fue el concepto de descentralización: la idea de que ningún gobierno ni banco controlaba Bitcoin. Esto la fascinó, especialmente después de escuchar historias de personas que perdieron sus ahorros cuando bancos congelaron cuentas durante crisis económicas.

Pensó: si mi dinero no está en un banco, ¿realmente alguien puede quitármelo? Esa idea fue suficiente para seguir aprendiendo. Descubrió la blockchain, un registro digital visible para todos pero imposible de manipular. Le parecía casi mágico: un sistema basado en matemáticas y confianza colectiva en lugar de política.

Al día siguiente, Sofía descargó una billetera digital y solicitó su primer pago en Bitcoin. Minutos después, el dinero llegó. Observó con asombro cómo la transacción se confirmaba sin retrasos, sin tarifas ocultas y sin intermediarios. En ese momento entendió que esto era más que dinero: era libertad. Con el tiempo, compró Ethereum, aprendió sobre contratos inteligentes y exploró intercambios descentralizados. Cada paso abría nuevas posibilidades.

Pero también aprendió una lección importante. Un día envió dinero a una dirección incorrecta por un pequeño error. Los fondos desaparecieron sin posibilidad de recuperación. Perdió $50, pero ganó una lección invaluable: verificar siempre, proteger sus claves y usar almacenamiento seguro.

Meses después, Sofía explicaba con confianza las criptomonedas a otros. Entendía su potencial para proteger ahorros, facilitar pagos globales y abrir nuevas oportunidades.

No era millonaria, pero tenía algo más importante: control sobre su futuro financiero.

La historia de Sofía no es única. Millones de personas están descubriendo las criptomonedas por primera vez. Algunos ganarán, otros cometerán errores, pero todos serán parte de un cambio global en la forma en que usamos el dinero. Para Sofía, Bitcoin no fue solo una forma de pago, sino la puerta a un futuro donde ella tenía el control. Y por eso la criptomoneda es importante.

Capítulo 2: La historia y evolución del dinero

El dinero es uno de los inventos más antiguos de la humanidad, y comprender su historia ayuda a explicar por qué existe la criptomoneda hoy en día. Mucho antes de las billeteras digitales y la tecnología blockchain, las primeras civilizaciones dependían del trueque: el intercambio directo de bienes y servicios sin un medio estándar. Un agricultor podía intercambiar grano por pescado, o un alfarero cambiar vasijas por pieles. Aunque este sistema funcionaba en comunidades pequeñas, tenía limitaciones claras: ¿qué pasaba si el pescador no necesitaba grano en ese momento? Este problema, conocido como la "coincidencia de necesidades", llevó a la creación del dinero.

Las primeras formas de dinero fueron basadas en mercancías. Las sociedades utilizaban elementos como sal, ganado, conchas marinas e incluso grandes piedras para representar valor. Estos objetos eran elegidos porque eran escasos, duraderos y ampliamente aceptados. Con el tiempo, los metales preciosos como el oro y la plata se convirtieron en la forma dominante de dinero, ya que eran portátiles, divisibles y podían estandarizarse en monedas. Además, tenían valor intrínseco, lo que aumentaba la confianza de las personas en ellos.

A medida que el comercio crecía, transportar grandes cantidades de metal se volvió impráctico. Esto dio lugar al dinero en papel, que surgió primero en China durante la dinastía Tang y más tarde en Europa. Inicialmente, este dinero estaba respaldado por metales preciosos, lo que significaba que podía canjearse por oro o plata. Este sistema, conocido como patrón oro, ofrecía estabilidad porque el valor del dinero estaba vinculado a un activo tangible. Sin embargo, con el tiempo, los gobiernos comenzaron a emitir más papel del que podían respaldar, lo que llevó a la inflación.

En el siglo XX, la mayoría de los países abandonaron el patrón oro y adoptaron el dinero fiduciario. Este tipo de dinero tiene valor porque el gobierno lo declara como de curso legal y las personas confían en que otros lo aceptarán. Ya no está respaldado por bienes físicos, sino por la estabilidad del gobierno que lo emite. Aunque esto permitió mayor flexibilidad económica, también abrió la puerta a problemas como la inflación, la devaluación y la dependencia de los bancos centrales.

El avance tecnológico llevó al siguiente paso en la evolución del dinero: los pagos electrónicos. Las tarjetas de crédito, la banca en línea y plataformas como PayPal facilitaron el envío de dinero en todo el mundo. Sin embargo, estos sistemas seguían dependiendo de intermediarios centralizados que podían congelar cuentas, cobrar comisiones elevadas o limitar el acceso. La crisis financiera global de 2008 reveló la fragilidad de este sistema, con bancos colapsando y personas perdiendo sus ahorros.

Fue en este contexto de desconfianza que nació Bitcoin en 2009. A diferencia del dinero fiduciario, no es emitido por ninguna autoridad central. Su valor proviene de su escasez, su seguridad mediante blockchain y la confianza de sus usuarios. Representa un cambio radical después de miles de años de sistemas centralizados. En muchos aspectos, la criptomoneda retoma principios del oro —escasez, durabilidad e independencia— pero adaptados al mundo digital.

La transición del trueque a la criptomoneda refleja la búsqueda constante de la humanidad por sistemas de intercambio más eficientes, seguros y justos. Cada etapa resolvió problemas de la anterior, pero también creó nuevos desafíos. La criptomoneda es el capítulo más reciente de esta historia y posiblemente la primera forma de dinero verdaderamente adaptada a un mundo global e interconectado.

Historia de Karim

En el bullicioso mercado de Marrakech, un comerciante llamado Karim atendía su puesto de especias, con las manos teñidas de azafrán y cúrcuma. Había heredado el negocio de su padre, quien a su vez lo heredó de su abuelo. Durante generaciones, la familia vendió sus productos a cambio de monedas de oro, dirhams de plata o, en tiempos difíciles, cualquier cosa que los clientes pudieran ofrecer. Su primer recuerdo de negocios fue ver a un viajero europeo pagar con una pequeña moneda de oro.

Un día, un turista le ofreció un billete de papel en lugar de oro. Karim dudó. Nunca había usado dinero en papel. Era ligero y parecía frágil, pero aceptó tras entender que podía cambiarlo en un banco. Con el tiempo, el papel reemplazó a las monedas. Era más práctico, pero también más fácil de perder.

Años después, su hijo Jamal tomó el control del negocio. Para entonces, las máquinas de tarjetas de crédito ya formaban parte del mercado. Podía vender sin intercambiar efectivo, pero el banco siempre cobraba una comisión. Además, existía el riesgo de que su cuenta fuera congelada, dejándolo sin acceso a su dinero.

Luego llegó la crisis financiera global. Los precios subieron, los turistas disminuyeron y la moneda local perdió valor rápidamente. Una noche, su sobrino le habló de Bitcoin, una moneda que ningún gobierno controlaba. Intrigado, Jamal decidió probarlo.

Aceptó su primer pago en Bitcoin y vio cómo el dinero llegaba a su teléfono en minutos, sin bancos ni intermediarios. Días después, su valor aumentó. Se dio cuenta de que no solo era un medio de pago, sino una forma de proteger su riqueza.

Al cerrar su puesto una noche, Jamal reflexionó sobre la evolución del dinero: desde el oro de su abuelo, al papel de su padre, hasta el dinero digital que él estaba comenzando a usar. Comprendió que cada generación tuvo que aprender a confiar en una nueva forma de dinero, y ahora era su turno. Bitcoin no era solo una innovación más, sino el siguiente paso en una historia que lleva miles de años.

Capítulo 3: Comprendiendo la tecnología blockchain

Blockchain es la columna vertebral de las criptomonedas: la tecnología que permite que monedas digitales como Bitcoin y Ethereum funcionen de forma segura sin necesidad de una autoridad central. En su forma más simple, una blockchain es un libro mayor digital, un sistema de registro que almacena datos en una serie de bloques enlazados. Estos bloques contienen información sobre transacciones y están conectados en orden cronológico, formando una "cadena" que es pública y permanente.

El término "blockchain" proviene de cómo está estructurado este sistema. Cada bloque contiene tres componentes principales: los datos de la transacción, una marca de tiempo y un hash criptográfico (una huella digital única). También incluye el hash del bloque anterior, creando una cadena continua e inquebrantable. Este diseño garantiza que, si alguien intenta modificar la información de un bloque, el hash cambiará, rompiendo la cadena y alertando inmediatamente a la red sobre una posible manipulación.

Una de las mayores fortalezas de la blockchain es la descentralización. En lugar de almacenarse en un solo servidor o ser controlada por una institución, la información se distribuye entre miles o incluso millones de computadoras en todo el mundo, conocidas como nodos. Cada nodo tiene una copia de la blockchain, y todas se mantienen sincronizadas mediante mecanismos de consenso. Esto elimina puntos únicos de falla y hace que el sistema sea extremadamente resistente a ataques, censura o pérdida de datos.

Los mecanismos de consenso son la forma en que la red acuerda qué transacciones son válidas. Los dos más comunes son prueba de trabajo (Proof of Work) y prueba de participación (Proof of Stake). En el primero, los mineros compiten resolviendo problemas matemáticos complejos para validar transacciones y recibir recompensas. En el segundo, los validadores son seleccionados según la cantidad de criptomoneda que poseen y están dispuestos a "bloquear" como garantía. Este segundo método consume menos energía y permite procesar transacciones más rápido.

Otra característica clave de la blockchain es la combinación de transparencia y privacidad. Todas las transacciones son públicas y pueden ser vistas por cualquiera, pero las identidades de las personas están protegidas mediante direcciones criptográficas. Esto permite mantener la confianza del sistema sin revelar información personal sensible.

Las aplicaciones de la blockchain van mucho más allá de las criptomonedas. Puede utilizarse en cadenas de suministro, sistemas de votación, almacenamiento de registros médicos, verificación de identidad e incluso transacciones inmobiliarias. Su capacidad para generar confianza en entornos donde las partes no necesitan conocerse abre nuevas oportunidades para el comercio y la gobernanza.

La seguridad está integrada en la estructura de la blockchain. Debido a que cada bloque está vinculado al anterior mediante hashes criptográficos, modificar uno requeriría cambiar todos los bloques siguientes en toda la red, algo prácticamente imposible en redes grandes. Esta inmutabilidad convierte a la blockchain en una herramienta altamente confiable para almacenar información crítica.

Para cualquier usuario o inversionista, entender la blockchain es esencial, ya que explica por qué las criptomonedas son diferentes de sistemas tradicionales como transferencias bancarias o plataformas de pago. En lugar de depender de una autoridad central, la validación ocurre de forma colectiva en la red, lo que reduce el fraude y otorga mayor control a los usuarios sobre sus activos.

En esencia, la blockchain no es solo una herramienta financiera, sino una tecnología fundamental para el futuro de las transacciones digitales. Permite sistemas seguros, descentralizados y transparentes, donde la confianza está integrada en el código y no en intermediarios. Comprender cómo funciona te permite apreciar su potencial para transformar múltiples industrias.

Ji-ho se convierte en explorador de blockchain

En una tarde lluviosa en Seúl, un joven ingeniero de software llamado Ji-ho estaba sentado en su apartamento, observando el código brillante en su laptop. Siempre había sentido fascinación por la tecnología, pero la blockchain era algo completamente nuevo. Un amigo le dijo una vez: "Es como el libro contable de un banco, pero nadie lo controla". Aquello le parecía imposible. ¿Cómo podía algo ser seguro si nadie estaba a cargo?

Curioso, Ji-ho se unió a una comunidad en línea donde aprendió que miles de computadoras en todo el mundo mantenían copias idénticas del mismo registro. Si una intentaba hacer trampa, las demás lo detectarían inmediatamente. Era un sistema basado en matemáticas, no en confianza personal.

Decidido a verlo por sí mismo, descargó un explorador de blockchain y comenzó a seguir transacciones de Bitcoin.

Observó pagos entre países en cuestión de minutos, sin bancos ni gobiernos. Entendió que no se trataba solo de dinero, sino de una red global abierta para todos.

Su interés creció cuando descubrió los contratos inteligentes en Ethereum. La idea de acuerdos que se ejecutaban automáticamente sin intermediarios le parecía revolucionaria. Imaginó comprar una casa o votar en elecciones con total transparencia y sin retrasos.

Un día, una organización sin fines de lucro le pidió ayuda para rastrear envíos de alimentos mediante blockchain. En lugares donde la corrupción era un problema, esta tecnología aseguraba que la ayuda llegara a su destino. Ji-ho ayudó a implementar el sistema, y el fraude disminuyó significativamente.

Esta experiencia cambió su perspectiva. Comprendió que la blockchain no solo servía para criptomonedas, sino para crear confianza donde antes no existía. Mientras muchos veían ganancias, él veía soluciones reales.

Años después, Ji-ho seguía involucrado en el mundo cripto, pero su mayor orgullo era haber contribuido a sistemas que mejoraban vidas. Para él, la blockchain era como el internet en sus inicios: una frontera llena de posibilidades.

Capítulo 4: Cómo funciona Bitcoin

Bitcoin es la primera y más reconocida criptomoneda del mundo, y entender cómo funciona es esencial para cualquiera que quiera entrar en el mundo cripto. En su esencia, Bitcoin es una moneda digital descentralizada que permite transacciones entre personas a través de internet sin depender de bancos ni procesadores de pago. Fue creada en 2009 por un autor anónimo conocido como Satoshi Nakamoto, con el objetivo de desarrollar "una versión puramente entre pares de dinero electrónico" que funcionara sin la necesidad de confiar en una autoridad central.

Bitcoin funciona sobre una blockchain pública, un libro mayor compartido que registra cada transacción realizada en la red. Cada transacción se agrupa en bloques, y cada bloque está conectado al anterior mediante hashes criptográficos, formando una cadena inmutable. Esta red es mantenida por miles de computadoras en todo el mundo llamadas nodos, que verifican las transacciones mediante un proceso conocido como minería.

La minería es el proceso mediante el cual se validan las transacciones y se agregan nuevos bloques a la blockchain. Los mineros utilizan computadoras potentes para resolver problemas matemáticos complejos en un sistema llamado prueba de trabajo (Proof of Work). El primero en resolver el problema añade el bloque y recibe una recompensa en bitcoins recién creados, además de las comisiones de las transacciones. Este proceso no solo asegura la red, sino que también controla la emisión de nuevos bitcoins, que se generan a una tasa fija y predecible.

Una de las características más importantes de Bitcoin es su suministro limitado. Solo existirán 21 millones de bitcoins, lo que lo convierte en un activo escaso, similar al oro digital. Los nuevos bitcoins se introducen mediante recompensas de minería, las cuales se reducen a la mitad aproximadamente cada cuatro años en un evento conocido como "halving". Esta reducción gradual de la oferta, combinada con la creciente demanda, ha contribuido a su aumento de valor a lo largo del tiempo.

Las transacciones en Bitcoin se aseguran mediante criptografía de clave pública. Cada usuario tiene una clave pública (como una dirección donde recibir fondos) y una clave privada (que permite gastar esos fondos). Si pierdes tu clave privada, pierdes acceso a tu dinero para siempre, ya que no existe una opción de recuperación como en los sistemas tradicionales. Esta responsabilidad personal es una de las mayores diferencias con el sistema financiero convencional.

Las transacciones son seudónimas. Aunque las direcciones son visibles públicamente en la blockchain, no están directamente vinculadas a la identidad personal, a menos que el usuario lo revele. Esto proporciona privacidad, pero también ha generado debates regulatorios, por lo que muchos exchanges ahora requieren verificación de identidad (KYC) para cumplir con normativas contra el lavado de dinero.

La red de Bitcoin es altamente resistente. Al ser descentralizada, no tiene un punto único de falla que pueda ser atacado o cerrado. Incluso si parte de la red deja de funcionar, el resto continúa operando normalmente. Esta resiliencia ha permitido que Bitcoin sobreviva a intentos de prohibición y regulación estricta en distintos países.

Para los inversionistas, Bitcoin es visto tanto como una reserva de valor como una protección contra la inflación, similar al oro. Aunque su precio puede ser volátil en el corto plazo, su tendencia a largo plazo ha sido creciente, atrayendo tanto a inversores individuales como institucionales. Entender cómo funciona es el primer paso para utilizarlo de manera efectiva.

La historia de cómo Carlos compró su primer Bitcoin

En Buenos Aires, la inflación estaba reduciendo el valor de los ahorros de las personas rápidamente. Carlos, un contador de 35 años, veía cómo su dinero perdía valor mes a mes. Recordaba cómo su familia había sufrido durante crisis económicas pasadas, y sentía que la historia se repetía.

Una noche, un amigo le habló de Bitcoin, describiéndolo como "dinero que ningún gobierno puede imprimir". Intrigado, Carlos investigó y descubrió su suministro limitado, su funcionamiento en blockchain y su capacidad de enviarse globalmente sin bancos.

Decidió empezar con poco. Compró una fracción de Bitcoin en un exchange y la transfirió a su billetera. Al ver que podía mover dinero en minutos sin autorización de nadie, comprendió su verdadero potencial.

Con el tiempo, Bitcoin se convirtió en algo más que una inversión. Cuando la moneda local se devaluó, su Bitcoin mantuvo mejor su valor. Empezó a aceptar pagos en Bitcoin, proteger sus claves privadas y almacenar sus fondos de forma segura.

Un día, envió dinero a su prima en España en menos de 10 minutos y con costos mínimos, algo imposible con bancos tradicionales. Fue en ese momento cuando entendió que Bitcoin no era solo un activo, sino una forma más rápida y justa de transferir dinero globalmente.

Con el tiempo, Carlos comenzó a enseñar a otros cómo usar Bitcoin de manera segura, advirtiendo sobre la volatilidad pero destacando su potencial. Para él, Bitcoin era una de las innovaciones financieras más importantes de su vida.

A pesar de los desafíos económicos, aprender sobre Bitcoin le dio estabilidad y esperanza. Había entrado en un sistema donde el dinero ya no dependía de gobiernos o bancos, sino de tecnología, matemáticas y una red global de personas.

Capítulo 5: Cómo funciona Ethereum y el poder de los contratos inteligentes

Ethereum es la segunda criptomoneda más grande por capitalización de mercado, pero es mucho más que "otro Bitcoin". Mientras que Bitcoin fue diseñado principalmente como una moneda digital entre pares y reserva de valor, Ethereum fue creado como una plataforma para aplicaciones descentralizadas (DApps) impulsadas por contratos inteligentes. Estos contratos inteligentes son programas autoejecutables que funcionan exactamente como están programados, sin necesidad de intermediarios, interrupciones ni censura.

Lanzado en 2015 por el programador Vitalik Buterin y un equipo de cofundadores, Ethereum introdujo una blockchain capaz de hacer mucho más que registrar transacciones simples. En lugar de solo transferir valor, puede ejecutar programas complejos que automatizan acuerdos, gestionan activos digitales o incluso crean nuevas criptomonedas. Esta innovación abrió la puerta a múltiples aplicaciones como las finanzas descentralizadas (DeFi), los NFTs, los juegos digitales, el seguimiento de cadenas de suministro y mucho más.

En el centro del ecosistema de Ethereum se encuentra su criptomoneda nativa, Ether (ETH). Aunque puede utilizarse como medio de pago, su función principal es alimentar la red. Cada vez que realizas una transacción o ejecutas un contrato inteligente, debes pagar una comisión llamada "gas", que se paga en ETH. Estas tarifas compensan a los validadores de la red y ayudan a evitar el uso excesivo del sistema.

Ethereum originalmente utilizaba el mecanismo de prueba de trabajo (PoW), similar al de Bitcoin. Sin embargo, en 2022 completó "The Merge", cambiando a prueba de participación (PoS). En este sistema, los validadores son seleccionados según la cantidad de ETH que poseen y están dispuestos a bloquear como garantía. Este cambio redujo el consumo de energía en más de un 99% y mejoró la eficiencia de la red.

Los contratos inteligentes son el verdadero cambio revolucionario. Son fragmentos de código almacenados en la blockchain que se ejecutan automáticamente cuando se cumplen ciertas condiciones. Por ejemplo, un contrato puede liberar un pago solo cuando un trabajo es aprobado o transferir la propiedad de un activo en el momento exacto en que se recibe el pago. Como el código es público e inmutable, todas las partes pueden confiar en que se cumplirá sin necesidad de bancos, abogados o intermediarios.

Uno de los sectores con mayor crecimiento dentro de Ethereum es DeFi. Estas plataformas permiten prestar, pedir prestado, ganar intereses e intercambiar activos sin bancos tradicionales. Todo funciona mediante contratos inteligentes, lo que hace que las transacciones sean más rápidas, económicas y accesibles globalmente. Otro caso importante son los NFTs, activos digitales únicos que representan propiedad sobre arte, música o elementos de videojuegos.

Sin embargo, Ethereum también enfrenta desafíos. Cuando la red está muy demandada, las tarifas de gas pueden aumentar significativamente. Para solucionar esto, se están desarrollando soluciones de escalabilidad como redes de "capa 2" (Layer 2), incluyendo Arbitrum y Optimism, que procesan transacciones fuera de la cadena principal antes de registrarlas. Estas mejoras buscan hacer la red más rápida, económica y eficiente.

Comprender Ethereum es fundamental porque representa la evolución de la blockchain: de un sistema de pagos a una plataforma programable para innovación global. Si Bitcoin demostró que el dinero descentralizado es posible, Ethereum demostró que también lo son las aplicaciones descentralizadas.

La historia de Adaeze

En Lagos, Nigeria, Adaeze estaba construyendo un pequeño mercado en línea para artesanos locales. Su objetivo era ayudar a tejedores, ceramistas y joyeros a vender sus productos a nivel global. Pero enfrentaba un problema: los pagos internacionales eran costosos, lentos y muchas veces bloqueados.

Al investigar alternativas, descubrió Ethereum. Al principio pensó que era solo otra criptomoneda como Bitcoin, pero pronto entendió el poder de los contratos inteligentes. Imaginó un sistema donde el pago se liberara automáticamente cuando un producto fuera entregado, sin bancos ni intermediarios.

Decidida a intentarlo, contrató a un desarrollador para crear un contrato inteligente. En la primera venta, un cliente en Canadá compró una canasta, el pago quedó retenido en el contrato y se liberó automáticamente cuando se confirmó el envío. Funcionó perfectamente.

Motivada, Adaeze exploró más. Descubrió DeFi, permitiendo a los artesanos ganar intereses sobre sus ingresos, y NFTs, que podían servir como certificados digitales de autenticidad.

Sin embargo, también enfrentó desafíos. En un momento, las tarifas de gas subieron demasiado, lo que la obligó a usar soluciones de capa 2 para reducir costos. También educó a los artesanos sobre seguridad y protección de sus fondos.

En un año, su plataforma conectó a cientos de artesanos con clientes en más de 20 países. Los pagos eran más rápidos, las comisiones más bajas y la confianza mayor.

Una noche, viendo a una artesana recibir su primer pago en Ethereum desde un teléfono, Adaeze comprendió algo importante: Ethereum no solo había cambiado su negocio, había cambiado vidas. Había abierto oportunidades globales para quienes antes estaban excluidos del sistema financiero.

Capítulo 6: Altcoins y en qué se diferencian de Bitcoin y Ethereum

El término altcoin significa "moneda alternativa" y se refiere a cualquier criptomoneda que no sea Bitcoin. Cuando Bitcoin fue creado en 2009, era la única criptomoneda existente. Sin embargo, a medida que la tecnología blockchain se volvió más conocida, comenzaron a surgir nuevas monedas y tokens con diferentes características, propósitos y comunidades. Algunas altcoins buscan mejorar el diseño de Bitcoin, mientras que otras están enfocadas en resolver problemas completamente distintos.

Ethereum, técnicamente, también es una altcoin porque no es Bitcoin, pero debido a su importancia suele tratarse como una categoría aparte. Más allá de Ethereum, existen miles de altcoins que varían ampliamente en su uso y valor. Algunas, como Litecoin, fueron creadas para ofrecer transacciones más rápidas o con menores costos. Otras, como Cardano y Polkadot, buscan desarrollar plataformas escalables para contratos inteligentes y aplicaciones descentralizadas. También hay altcoins como Monero y Zcash que se enfocan en la privacidad, permitiendo transacciones completamente anónimas.

Muchas altcoins funcionan como la moneda principal dentro de sus propios ecosistemas blockchain. Por ejemplo, Binance Coin (BNB) se utiliza para operar dentro de Binance Smart Chain, mientras que SOL es el token de la red Solana. También existen las stablecoins, como USD Coin (USDC) o Tether (USDT), que están vinculadas al valor de una moneda tradicional para reducir la volatilidad. Estas son muy utilizadas para trading, préstamos y transferencias sin riesgo de fluctuaciones de precio.

Una de las principales diferencias entre Bitcoin y la mayoría de las altcoins es la velocidad de innovación. Bitcoin cambia lentamente porque prioriza la seguridad y estabilidad. En cambio, las altcoins suelen experimentar con nuevas funciones, tecnologías y modelos económicos. Esto permite avances rápidos, pero también implica mayor riesgo, ya que muchos proyectos fracasan o incluso resultan ser fraudes.

Invertir en altcoins puede ser muy rentable, pero también altamente riesgoso. Mientras que Bitcoin es relativamente más estable dentro del mundo cripto, las altcoins pueden subir o bajar de precio de forma extrema en poco tiempo. Por eso, es fundamental investigar el equipo del proyecto, su tecnología, utilidad real y respaldo de la comunidad antes de invertir. Sin este análisis, existe el riesgo de caer en esquemas especulativos o proyectos sin valor real.

Otra diferencia clave es la percepción del mercado. Bitcoin es visto como "oro digital", una reserva de valor. Ethereum se considera una plataforma tecnológica global para aplicaciones descentralizadas. Las altcoins, en cambio, pueden verse como innovaciones con alto potencial o como apuestas especulativas, dependiendo del proyecto. Algunas tienen aplicaciones reales y asociaciones importantes, mientras que otras solo existen por moda o especulación.

Para quienes comienzan en el mundo cripto, lo más recomendable es entender primero Bitcoin, luego Ethereum, y después explorar las altcoins con precaución. Aunque pueden ofrecer mayores ganancias, también conllevan riesgos mucho más altos. Es importante recordar que no todas las altcoins sobrevivirán a largo plazo.

En resumen, las altcoins representan el lado experimental del mercado de criptomonedas. Son el espacio donde surgen nuevas ideas, tecnologías y oportunidades, pero también donde se asumen mayores riesgos. Comprender las diferencias entre Bitcoin, Ethereum y las altcoins es esencial para tomar decisiones informadas.

La historia de Rafael y sus inversiones alternativas

En Manila, un joven estudiante de software llamado Rafael llevaba un año invirtiendo en Bitcoin. Era estable, pero quería explorar nuevas oportunidades. Un día descubrió Solana, una red rápida y de bajo costo, y decidió investigar más.

Luego conoció Cardano, un proyecto basado en investigación académica, y Monero, enfocado en privacidad total. Cada altcoin tenía características únicas, ventajas y desafíos.

Rafael decidió invertir pequeñas cantidades en varias altcoins como experimento. Algunas subieron rápidamente, especialmente durante el auge de DeFi, mientras que otras perdieron valor. Aprendió que la emoción del mercado podía impulsar precios, pero sin fundamentos sólidos, esos aumentos no duraban.

Con el tiempo, desarrolló una estrategia: investigar primero, invertir poco y tomar ganancias cuando el mercado subiera. Evitó proyectos sin utilidad real y se enfocó en aquellos con propósito claro.

Al explicar a un amigo las diferencias entre Bitcoin, Ethereum y las altcoins, Rafael entendió algo importante: Bitcoin le enseñó el valor de la descentralización, Ethereum el poder de los contratos inteligentes, y las altcoins la innovación constante del ecosistema.

Para él, las altcoins no eran solo inversiones riesgosas, sino el laboratorio donde se construye el futuro del dinero y la tecnología.

Capítulo 7: Stablecoins y su papel en la economía cripto

Las stablecoins son una categoría única de criptomonedas diseñadas para mantener un valor estable, generalmente vinculado a una moneda tradicional como el dólar estadounidense, el euro o incluso a activos como el oro. Mientras que Bitcoin y muchas altcoins son conocidas por su volatilidad, las stablecoins buscan ofrecer estabilidad de precio, lo que las hace ideales para pagos, ahorro y trading sin el riesgo de fluctuaciones bruscas. En esencia, combinan las ventajas de las monedas digitales con la estabilidad del dinero tradicional.

Existen varios tipos de stablecoins, cada uno con su propio mecanismo para mantener la estabilidad. Las stablecoins respaldadas por dinero fiat están apoyadas por reservas en monedas tradicionales almacenadas en bancos o instituciones confiables. Ejemplos como USD Coin (USDC) y Tether (USDT) afirman mantener una relación de 1:1 con el dólar, lo que significa que cada token puede canjearse por un dólar real.

Las stablecoins respaldadas por criptomonedas funcionan de manera diferente. En lugar de estar respaldadas por dinero fiat, utilizan otras criptomonedas como garantía. Debido a la volatilidad del mercado cripto, suelen estar sobrecolateralizadas, es decir, se deposita más valor del necesario para garantizar la estabilidad. Un ejemplo es DAI, que está respaldada por Ethereum y otros activos mediante sistemas descentralizados.

Por otro lado, las stablecoins algorítmicas no dependen de reservas. Utilizan contratos inteligentes y algoritmos para ajustar automáticamente la oferta y mantener el precio estable. Si el precio sube, se emiten más monedas; si baja, se reduce la oferta. Aunque innovadoras, estas stablecoins pueden ser riesgosas, como se evidenció con el colapso de TerraUSD (UST), que generó pérdidas significativas.

Las stablecoins se han vuelto fundamentales en la economía cripto por varias razones. Primero, funcionan como refugio para los traders durante la volatilidad del mercado, permitiendo mover fondos sin convertirlos a dinero tradicional. Segundo, facilitan transacciones globales rápidas y económicas sin depender del sistema bancario. Una persona puede enviar stablecoins a otra en cualquier parte del mundo en minutos, manteniendo el valor equivalente en dólares.

En el ecosistema de finanzas descentralizadas (DeFi), las stablecoins son esenciales. Se utilizan como garantía para préstamos, como pares de trading y como base para generar intereses. Para empresas, permiten pagar a empleados, proveedores o freelancers en distintos países de manera rápida y económica, sin preocuparse por la volatilidad.

Sin embargo, también existen riesgos. Las stablecoins respaldadas por fiat requieren confianza en la empresa emisora. Las respaldadas por cripto y las algorítmicas dependen de la estabilidad del mercado y la seguridad de los contratos inteligentes. Además, están bajo creciente regulación por parte de gobiernos preocupados por su impacto en el sistema financiero.

Para los principiantes, las stablecoins suelen ser la forma más sencilla de entrar al mundo cripto, ya que funcionan como dólares digitales. Permiten interactuar con la tecnología blockchain sin exponerse a la volatilidad extrema. Entenderlas es clave porque actúan como puente entre las finanzas tradicionales y el ecosistema digital.

La historia de María y la velocidad del cripto

En Manila, María tenía un pequeño negocio en línea de decoración hecha a mano. Sus clientes estaban en Estados Unidos y Europa, pero recibir pagos era complicado por los costos y retrasos bancarios. Un cliente le sugirió pagarle con USDC, una stablecoin vinculada al dólar.

Tras probarlo, María quedó sorprendida al recibir el pago en minutos, sin comisiones ocultas ni pérdidas por tipo de cambio.

Comenzó a aceptar stablecoins regularmente y pronto la mitad de sus ventas se realizaban en USDC o USDT. Podía convertirlos a su moneda local o guardarlos como ahorro sin preocuparse por la volatilidad.

Con el tiempo, exploró plataformas DeFi para generar intereses y comenzó a pagar a proveedores con stablecoins, reduciendo costos y tiempos.

Cuando le preguntaban por qué prefería stablecoins en lugar de Bitcoin, respondía que ofrecían la velocidad del cripto sin la volatilidad.

Gracias a esto, su negocio creció y pudo acceder a mercados globales sin barreras. Para María, las stablecoins no eran solo una forma de pago, sino una herramienta que conectaba su negocio local con el mundo.

Comprar criptomonedas se ha vuelto mucho más fácil con el tiempo, pero hay una serie de maneras que requiere entender las diferentes opciones, riesgos y mejores prácticas. La forma más común de comprar criptomonedas es a través de exchanges (plataformas de intercambio), que funcionan como mercados donde puedes convertir dinero tradicional en monedas digitales. Algunos de los exchanges centralizados más populares incluyen Coinbase, Binance y Kraken. Estas plataformas suelen ser fáciles de usar y permiten comprar criptomonedas mediante tarjeta de débito, transferencia bancaria o incluso PayPal en algunos casos.

Capítulo 8: Cómo comprar, vender y almacenar criptomonedas de forma segura

Comprar criptomonedas se ha vuelto mucho más fácil con el tiempo, pero hacerlo de manera segura requiere entender las diferentes opciones, riesgos y mejores prácticas. La forma más común de comprar criptomonedas es a través de exchanges (plataformas de intercambio), que funcionan como mercados donde puedes convertir dinero tradicional en monedas digitales. Algunos de los exchanges centralizados más populares incluyen Coinbase, Binance y Kraken. Estas plataformas suelen ser fáciles de usar y permiten comprar criptomonedas mediante tarjeta de débito, transferencia bancaria o incluso PayPal en algunos casos.

Aunque los exchanges centralizados son convenientes, requieren confiar en la empresa con tu dinero y tu información personal. Esto significa que estás sujeto a sus reglas, límites y medidas de seguridad. Para tener mayor control, algunos usuarios prefieren los exchanges descentralizados (DEX) como Uniswap o PancakeSwap, donde las transacciones se realizan directamente entre usuarios mediante contratos inteligentes, sin intermediarios. Sin embargo, estos pueden ser más difíciles de usar para principiantes.

Una vez que compras criptomonedas, el almacenamiento se convierte en el aspecto más importante. Dejar fondos en un exchange por mucho tiempo puede ser riesgoso, ya que estas plataformas pueden ser hackeadas o bloquear cuentas. Por eso, muchos usuarios transfieren sus criptomonedas a billeteras personales. Existen dos tipos principales: billeteras calientes y billeteras frías.

Las billeteras calientes están conectadas a internet, como aplicaciones móviles, programas de escritorio o extensiones de navegador como MetaMask. Son prácticas para uso diario, pero más vulnerables a ataques. Las billeteras frías, como dispositivos físicos (Ledger, Trezor) o incluso papel, están desconectadas de internet y ofrecen mayor seguridad para almacenamiento a largo plazo.

Para vender criptomonedas, puedes usar los mismos exchanges donde compraste, ya sea convirtiéndolas nuevamente a dinero tradicional o intercambiándolas por otras criptomonedas. También existen plataformas peer-to-peer (P2P) donde puedes vender directamente a otras personas. Estas ofrecen más opciones de pago, pero requieren precaución para evitar estafas.

La seguridad es fundamental en todo el proceso. Siempre debes activar la autenticación de dos factores (2FA), no compartir nunca tus claves privadas ni frases de recuperación, y evitar enlaces sospechosos o mensajes falsos. Mantén copias de seguridad de tu billetera en lugares seguros y fuera de línea.

Otro consejo importante es comenzar con cantidades pequeñas, especialmente al usar una nueva plataforma o enviar criptomonedas por primera vez. Realiza una transacción de prueba antes de enviar montos grandes, ya que las transacciones son irreversibles.

También es importante conocer las regulaciones de tu país. En muchos lugares, se requiere verificación de identidad para operar, y las ganancias pueden estar sujetas a impuestos. Llevar un registro de tus transacciones te ayudará a cumplir con las leyes y evitar problemas.

En resumen, comprar, vender y almacenar criptomonedas de forma segura requiere una combinación de conocimiento, precaución y disciplina. Con las herramientas adecuadas, puedes proteger tus activos y participar con confianza en el mundo cripto.

Historia de Piotr

En Varsovia, Polonia, Piotr llevaba meses siguiendo el mundo de las criptomonedas. Finalmente decidió comprar una pequeña cantidad de Bitcoin a través de un exchange confiable.

Al principio dejó sus fondos en la plataforma, pero tras escuchar sobre hackeos, decidió transferirlos a una billetera móvil y luego a una billetera física para mayor seguridad.

Meses después, vendió una parte para cubrir gastos y aprendió lo importante que es el momento de venta debido a la volatilidad del mercado.

También probó un exchange descentralizado, donde pudo intercambiar criptomonedas directamente desde su billetera sin intermediarios.

Con el tiempo, desarrolló hábitos estrictos de seguridad: verificar direcciones, usar 2FA, guardar sus claves de forma segura y evitar estafas.

Para Piotr, comprar Bitcoin fue solo el inicio. Aprender a protegerlo fue lo que realmente le dio confianza en el mundo de las criptomonedas.

Capítulo 9: Cómo evitar estafas y errores comunes en las criptomonedas

La industria de las criptomonedas ofrece enormes oportunidades, pero también es un entorno lleno de estafadores y hackers. Debido a que las transacciones son irreversibles y el sistema es descentralizado, una vez que envías tus fondos a un estafador, prácticamente no hay forma de recuperarlos. Por eso, aprender a reconocer y evitar estafas es una de las habilidades más importantes para cualquier persona que entre en este espacio.

Uno de los tipos de estafa más comunes es el phishing. Consiste en engañarte para que reveles tus claves privadas, frases de recuperación o credenciales de acceso a través de sitios web falsos, correos electrónicos o mensajes. Los estafadores crean copias muy realistas de exchanges o billeteras y envían enlaces fraudulentos. Una vez que introduces tus datos, pierdes el control de tu cuenta. La mejor defensa es escribir manualmente las direcciones web, guardar enlaces oficiales y nunca hacer clic en enlaces sospechosos.

Otra estafa frecuente es el esquema Ponzi o piramidal. En estos casos, los inversores iniciales reciben pagos con el dinero de nuevos participantes, no con ganancias reales. Suelen prometer rendimientos altos y garantizados sin riesgo. En el mundo cripto, a menudo aparecen como nuevos proyectos o plataformas que desaparecen después de recaudar suficiente dinero. Si algo parece demasiado bueno para ser verdad, probablemente lo sea.

También son comunes los esquemas de "pump and dump". Un grupo de personas infla artificialmente el precio de una criptomoneda mediante compras coordinadas y promoción en redes sociales. Cuando el precio sube, venden, provocando una caída abrupta que deja pérdidas a los compradores tardíos. Evita seguir tendencias repentinas sin investigar el proyecto.

Otra trampa son los sorteos falsos. Estafadores se hacen pasar por celebridades o empresas legítimas y prometen duplicar el dinero que envíes. Ningún sorteo legítimo requiere que envíes dinero primero.

Además de las estafas, los errores comunes también pueden causar pérdidas. Uno de los más graves es enviar fondos a una dirección incorrecta. Las transacciones son irreversibles, por lo que un pequeño error puede significar la pérdida total. Siempre copia y pega direcciones, verifícalas y realiza transacciones de prueba.

El almacenamiento inseguro también es un gran riesgo. Si tu dispositivo está infectado, los hackers pueden robar tus claves. Usa software confiable, mantén tu sistema actualizado y evita aplicaciones no verificadas. Nunca guardes tu frase de recuperación en línea.

El escepticismo es una herramienta clave. La urgencia suele ser una señal de alerta, ya que los estafadores intentan presionarte para actuar rápido. Tómate tu tiempo, verifica la información y consulta fuentes confiables antes de tomar decisiones.

En resumen, protegerte en el mundo cripto requiere conocimiento, precaución y disciplina. Comprender cómo funcionan las estafas y evitar errores comunes te permitirá aprovechar las oportunidades sin poner en riesgo tus fondos.

La historia de Elena

En Toronto, Elena recibió un mensaje que parecía ser de un exchange conocido, prometiendo duplicar su Bitcoin si enviaba una cantidad inicial. Aunque parecía legítimo, decidió verificarlo y descubrió que era una estafa. Gracias a su precaución, evitó perder dinero.

Semanas después, su amigo Mark cayó en un esquema Ponzi que prometía altos rendimientos. Al principio recibió ganancias, pero luego el proyecto desapareció, llevándose todo su dinero.

Elena decidió priorizar la seguridad: compró una billetera física, activó autenticación de dos factores y empezó a realizar pruebas antes de enviar grandes cantidades.

También evitó invertir en monedas impulsadas por hype. En una ocasión, investigó antes de comprar y evitó caer en un esquema de "pump and dump" que luego colapsó.

Con el tiempo, comenzó a educar a otros sobre cómo evitar estafas. Entendió que en el mundo cripto, proteger tu dinero no solo depende de la tecnología, sino también de tu criterio.

Capítulo 10: El futuro de la criptomoneda y la tecnología blockchain

El futuro de la criptomoneda y la tecnología blockchain es emocionante, pero también incierto. Aunque nadie puede predecir exactamente cómo evolucionará esta industria, las tendencias actuales ofrecen pistas claras sobre hacia dónde se dirige. La criptomoneda ya ha pasado de ser un interés de nicho a convertirse en un fenómeno financiero global, atrayendo tanto a individuos como a grandes instituciones e incluso gobiernos. La próxima década probablemente traerá una adopción aún mayor, más integración y nuevas innovaciones.

Una de las tendencias más importantes es la adopción masiva. Grandes empresas ya están aceptando pagos en criptomonedas, y firmas de inversión están incorporando Bitcoin y Ethereum en sus portafolios. Plataformas como PayPal y Visa han comenzado a integrar pagos cripto, facilitando su uso cotidiano. A medida que más personas interactúan con estas tecnologías, la experiencia del usuario se volverá más simple, eliminando muchas barreras técnicas.

La regulación también jugará un papel clave. Los gobiernos están desarrollando marcos lcgales para equilibrar la innovación con la protección del consumidor. Aunque algunos temen que esto limite el crecimiento, reglas claras pueden aumentar la confianza y atraer a inversores institucionales. Al mismo tiempo, los bancos centrales están explorando monedas digitales propias (CBDC), que podrían coexistir con las criptomonedas descentralizadas.

Las finanzas descentralizadas (DeFi) continúan transformando el sistema financiero. Estas plataformas permiten prestar, pedir prestado, intercambiar activos y generar ingresos sin bancos. A medida que evolucionen, podrían competir directamente con las instituciones tradicionales en eficiencia y accesibilidad. De igual forma, los NFTs están revolucionando industrias como el arte, los videojuegos y la propiedad digital.

La innovación tecnológica será el motor del crecimiento. Soluciones como redes de capa 2, fragmentación (sharding) y nuevos mecanismos de consenso permitirán procesar miles de transacciones por segundo a bajo costo. Además, la interoperabilidad entre blockchains facilitará el intercambio de activos y datos entre distintas plataformas. Los avances en privacidad también permitirán transacciones seguras y confidenciales en sectores sensibles.

Un área con enorme potencial es la tokenización de activos del mundo real. En el futuro, bienes como propiedades, acciones, bonos o incluso derechos de autor podrían representarse como tokens en blockchain. Esto permitiría transacciones más rápidas, mayor transparencia y acceso global a inversiones antes limitadas.

A pesar del optimismo, aún existen desafíos. La volatilidad, el consumo energético (especialmente en sistemas de prueba de trabajo) y los riesgos de seguridad deben seguir mejorando. La percepción pública también varía entre entusiasmo y desconfianza, por lo que la industria necesita fortalecer la transparencia y la educación.

En última instancia, el futuro dependerá de qué tan bien esta tecnología se integre en la vida diaria. Así como el internet se volvió esencial, la blockchain podría convertirse en la infraestructura invisible detrás de las finanzas y el comercio global. Comprenderla hoy te prepara para un mundo donde será tan común como el correo electrónico o las tarjetas de crédito.

La historia de Aaron

En Singapur, Aaron observaba la ciudad mientras reflexionaba sobre su experiencia con las criptomonedas. Lo que comenzó como curiosidad se convirtió en parte de su vida diaria: usaba stablecoins para pagos internacionales, plataformas DeFi para generar ingresos y tokens para invertir en bienes raíces.

También participaba en mercados de NFTs, donde adquirió arte digital que aumentó de valor. Con el tiempo, vio cómo empresas y gobiernos comenzaban a adoptar blockchain para procesos reales, como comercio internacional y gestión de documentos.

Incluso sus padres comenzaron a usar monedas digitales emitidas por el gobierno, demostrando que la adopción masiva vendría por la facilidad de uso, no solo por la innovación.

A pesar de algunos problemas como estafas y fallas en proyectos, Aaron confiaba en que la tecnología maduraría con el tiempo. Al conocer nuevos desarrolladores y proyectos, vio el potencial de blockchain para resolver problemas reales, como la distribución de energía limpia.

Para Aaron, el futuro estaba claro: la blockchain no solo llegó para quedarse, sino que transformará la forma en que interactuamos con el dinero, la tecnología y la confianza.

Capítulo 11: Impuestos y consideraciones legales de las criptomonedas

A medida que la adopción de las criptomonedas crece, los gobiernos de todo el mundo están estableciendo normas fiscales y marcos legales para los activos digitales. Para cualquier persona que compre, venda o gane criptomonedas, comprender las obligaciones fiscales es esencial para evitar problemas legales y facturas inesperadas. Aunque las leyes específicas varían según el país, la mayoría de las autoridades fiscales tratan las criptomonedas como propiedad o activo de capital, lo que significa que las transacciones pueden generar eventos imponibles.

En muchos países, el impuesto sobre las ganancias de capital se aplica cuando vendes criptomonedas por dinero fiat, intercambias una criptomoneda por otra o utilizas cripto para comprar bienes o servicios. La ganancia o pérdida se calcula restando el precio de compra (base de costo) del precio de venta. Si mantuviste la criptomoneda durante más de un año antes de venderla, podrías calificar para una tasa impositiva más baja de largo plazo; si la mantuviste por menos de un año, se aplican tasas de corto plazo, que suelen ser similares al impuesto sobre la renta.

El impuesto sobre la renta también puede aplicarse si recibes criptomonedas como pago por bienes o servicios, mediante recompensas de minería, staking o airdrops. En estos casos, el valor de mercado de la criptomoneda en el momento en que la recibes se considera ingreso, y podrías deber impuestos sobre ese monto incluso si no la vendes de inmediato. Esto puede generar dificultades si el valor baja posteriormente, ya que el impuesto se basa en el valor al momento de la recepción.

Algunas jurisdicciones requieren un registro detallado de cada transacción cripto, incluyendo fechas, cantidades, direcciones de billetera y el valor en moneda fiat en el momento de cada operación. El software de impuestos para criptomonedas puede automatizar gran parte de este proceso al integrarse con billeteras y exchanges, generando reportes que cumplen con las leyes locales.

En el ámbito legal, las regulaciones varían ampliamente. Algunos países, como El Salvador, han adoptado la criptomoneda como moneda de curso legal, mientras que otros la han prohibido completamente. Muchos países se encuentran en un punto intermedio, permitiendo el uso de criptomonedas pero imponiendo reglas estrictas a los exchanges y exigiendo cumplimiento con normativas como KYC (conoce a tu cliente) y AML (prevención de lavado de dinero). Estas reglas buscan prevenir actividades ilegales, pero también pueden afectar la privacidad y el acceso.

Un área creciente de regulación son los requisitos de reporte. Algunos gobiernos exigen declarar si posees o has operado con criptomonedas, incluso si no ocurrió un evento imponible. En Estados Unidos, por ejemplo, el IRS incluye preguntas sobre actividad con monedas virtuales en los formularios fiscales, y el incumplimiento puede resultar en sanciones.

Las leyes fiscales y regulaciones seguirán evolucionando a medida que las criptomonedas se integren más en el sistema financiero. El enfoque más seguro es mantenerse informado, llevar registros precisos y consultar a un profesional fiscal que entienda los activos digitales. De esta manera, puedes aprovechar los beneficios de las criptomonedas cumpliendo plenamente con la ley.

La historia de Liam y el software de impuestos cripto

En Sídney, Liam llevaba dos años operando con criptomonedas. Disfrutaba la emoción del mercado y la independencia que le ofrecía. Pero la temporada de impuestos le dio una sorpresa: recibió una carta de la oficina tributaria australiana solicitando registros de sus operaciones. Al principio entró en pánico, ya que había realizado muchas transacciones en diferentes plataformas sin llevar un registro detallado.

Decidido a resolverlo, comenzó a revisar historiales de exchanges, transacciones de billeteras y estados bancarios. Era abrumador, pero descubrió un software de impuestos cripto que podía importar sus datos automáticamente. El sistema generó un informe con sus ganancias de capital y sus ingresos por staking. Aunque la factura fiscal no era pequeña, sintió alivio al tener todo organizado.

La experiencia cambió sus hábitos. Empezó a registrar cada operación con fecha, monto y valor en moneda fiat. También aprendió a reservar dinero para impuestos en lugar de reinvertir todo, evitando así problemas futuros.

Liam también se volvió más consciente del entorno legal. Cuando uno de sus exchanges favoritos dejó de operar en Australia por cambios regulatorios, entendió lo importante que era diversificar y mantener acceso a sus activos.

Una noche, su primo le preguntó si los impuestos arruinarían las ventajas de las criptomonedas. Liam respondió: “Los impuestos son parte de la vida. Si acaso, significa que el cripto ya es algo serio. La clave es seguir las reglas para poder seguir participando."

Para Liam, la lección fue clara: en el mundo de las criptomonedas no puedes ignorar las leyes ni los impuestos. Pero con organización y un enfoque proactivo, puedes mantener tu libertad y tus ganancias intactas.

Capítulo 12: Construyendo una estrategia de inversión en criptomonedas a largo plazo

Muchos principiantes en el mundo de las criptomonedas se sienten atraídos por historias de ganancias rápidas, pero el éxito a largo plazo requiere una estrategia clara de inversión. Sin un plan, las decisiones emocionales y el ruido del mercado pueden llevar a errores costosos. Una estrategia a largo plazo se enfoca en el crecimiento constante, la gestión del riesgo y la paciencia, permitiendo a los inversionistas soportar la volatilidad y aprovechar nuevas oportunidades.

El primer paso es definir tus objetivos. ¿Quieres construir riqueza a lo largo de los años, generar ingresos pasivos o diversificar tu portafolio? Tus metas determinarán tu enfoque. Para muchos inversionistas a largo plazo, una estrategia común es comprar y mantener (buy and hold), que consiste en adquirir criptomonedas de calidad y conservarlas durante años, sin preocuparse por las fluctuaciones a corto plazo. Este enfoque se basa en la idea de que los proyectos sólidos aumentarán su valor con el tiempo a medida que crezca su adopción.

La diversificación es otro principio clave. Bitcoin y Ethereum suelen ser la base de muchos portafolios, pero añadir una selección de altcoins bien investigadas puede ofrecer exposición a diferentes sectores como DeFi, NFTs o infraestructura blockchain. Sin embargo, la diversificación debe ser equilibrada, ya que tener demasiadas altcoins de baja calidad puede aumentar el riesgo y reducir los rendimientos.

La gestión del riesgo es fundamental. Solo debes invertir lo que puedes permitirte perder y evitar concentrar todo tu capital en un solo activo. Muchos inversionistas asignan un porcentaje fijo de su portafolio total a criptomonedas, manteniendo el resto en activos tradicionales como acciones, bonos o bienes raíces. Esto ayuda a reducir el impacto de la volatilidad del mercado cripto.

Otra estrategia efectiva es el promedio de costo en dólares (DCA), que consiste en invertir una cantidad fija de dinero a intervalos regulares, independientemente del precio del activo. Esto elimina la presión de intentar predecir el mercado y ayuda a suavizar el impacto de la volatilidad. Esta técnica es especialmente útil para activos como Bitcoin y Ethereum, que han mostrado crecimiento a largo plazo a pesar de las caídas temporales.

Los inversionistas a largo plazo también deben priorizar la seguridad. Las billeteras físicas (hardware wallets) son esenciales para proteger grandes cantidades, y las frases de recuperación deben guardarse de forma segura y fuera de línea. Un error de seguridad puede borrar años de ganancias en segundos.

Mantenerse informado es igualmente importante. El ecosistema cripto cambia rápidamente, con nuevas tecnologías, regulaciones y tendencias emergiendo constantemente. Revisar tu portafolio periódicamente y ajustar tu estrategia cuando sea necesario te permitirá adaptarte y mantenerte competitivo.

Una estrategia bien planificada no solo aumenta tus probabilidades de éxito financiero, sino que también reduce el estrés. En lugar de reaccionar a cada movimiento del mercado, puedes enfocarte en el panorama general, sabiendo que tus inversiones están alineadas con tus objetivos.

La historia de Naledi

En Ciudad del Cabo, Naledi observó cómo amigos invertían en criptomonedas durante un mercado alcista y luego vendían por pánico cuando los precios bajaban. Decidió aprender antes de invertir. Estudió Bitcoin, Ethereum y la importancia de la seguridad, y cuando finalmente invirtió, ya tenía un plan claro.

Su objetivo era construir riqueza a largo plazo. Asignó el 10% de su portafolio total a criptomonedas: 70% en Bitcoin, 20% en Ethereum y 10% en altcoins seleccionadas cuidadosamente. Configuró compras mensuales automáticas utilizando la estrategia DCA. Cuando el mercado bajaba, en lugar de preocuparse, veía una oportunidad para comprar más barato.

También invirtió en una billetera física y guardó sus frases de recuperación en lugares seguros. Aunque otros pensaban que era excesiva, ella sabía que la seguridad era esencial.

Cada tres meses revisaba su portafolio. Ajustaba ligeramente sus altcoins según el mercado, pero mantenía su estrategia principal. Evitó inversiones impulsivas y rechazó proyectos especulativos, incluso cuando otros la presionaban para invertir en monedas de moda.

Con el tiempo, su disciplina dio resultados. Aunque algunas altcoins no tuvieron éxito, sus inversiones en Bitcoin y Ethereum crecieron significativamente. Más importante aún, evitó el estrés de intentar predecir el mercado.

Naledi entendió que su mayor ventaja no era la suerte, sino la disciplina. Para ella, las criptomonedas no eran un juego de azar, sino una parte estratégica de su futuro financiero.

Epílogo: Tu viaje en el mundo de las criptomonedas

La criptomoneda no es solo una nueva forma de dinero, sino una nueva manera de pensar sobre el valor, la confianza y la libertad en la era digital. A lo largo de este libro, has aprendido qué es la criptomoneda, cómo funciona la tecnología blockchain, las diferencias entre actores principales como Bitcoin y Ethereum, el papel de las altcoins y las stablecoins, y los pasos esenciales para comprar, almacenar y proteger tus activos. También has visto los riesgos —desde estafas hasta cambios regulatorios— y has descubierto estrategias para el éxito a largo plazo. La conclusión final es simple pero poderosa: el conocimiento, la preparación y la disciplina son tus mayores aliados en el mundo cripto.

El camino en las criptomonedas es diferente para cada persona. Algunos entran al mercado para protegerse contra la inflación, otros para explorar tecnología innovadora, y algunos simplemente para probar una nueva forma de inversión. Sea cual sea tu razón, los principios que has aprendido aquí servirán como una guía. El ecosistema cripto seguirá evolucionando rápidamente —nuevas tecnologías, regulaciones y ciclos de mercado aparecerán— pero las habilidades fundamentales que has adquirido seguirán siendo valiosas.

Una de las lecciones más importantes es encontrar el equilibrio entre oportunidad y riesgo. Las criptomonedas ofrecen acceso global a las finanzas, la capacidad de enviar valor instantáneamente y el potencial de altos rendimientos. Pero también requieren responsabilidad personal. A diferencia del sistema financiero tradicional, donde existen mecanismos de protección, en el mundo cripto tú eres el responsable de tus fondos. Perder tus claves privadas o caer en una estafa puede significar una pérdida permanente. Por eso, la seguridad, la prudencia y el escepticismo son esenciales.

Otro aprendizaje clave es la importancia de mantenerse informado. Este no es un sector donde puedas "invertir y olvidarte". Nuevos proyectos, regulaciones y tecnologías como DeFi, NFTs y Web3 están en constante evolución. Mantenerte actualizado, aprender continuamente y participar en comunidades confiables te ayudará a adaptarte y aprovechar las oportunidades.

También es importante recordar que el mundo cripto va más allá del dinero. En su esencia, la tecnología blockchain trata sobre descentralización: dar a las personas control sobre sus activos, datos e identidad. Es una forma de crear sistemas donde la confianza está en el código y la transparencia, no en una institución central. Este concepto tiene el potencial de transformar muchas industrias más allá de las finanzas.

A partir de aquí, considera tu estrategia personal. Puedes optar por mantener activos a largo plazo como Bitcoin y Ethereum, explorar altcoins con cautela, participar activamente en DeFi y NFTs, o usar stablecoins para transacciones diarias. Lo importante es que tu enfoque esté alineado con tus objetivos, tu tolerancia al riesgo y tus valores.

Finalmente, recuerda que el camino en las criptomonedas no se trata de perseguir ganancias rápidas, sino de construir hábitos sólidos y tomar decisiones informadas. Los mercados subirán y bajarán, pero quienes se enfoquen en fundamentos, seguridad y educación estarán mejor posicionados para aprovechar el futuro.

El futuro de la criptomoneda y la tecnología blockchain aún se está escribiendo, y tú tienes la oportunidad de ser parte de él. Ya sea que inviertas, construyas, operes o simplemente aprendas, estás participando en una de las transformaciones más importantes de la historia moderna.

Tu viaje apenas comienza —y en el mundo de las criptomonedas, las posibilidades son tan ilimitadas como la tecnología misma.

www.ingramcontent.com/pod-product-compliance
Lightning Source LLC
LaVergne TN
LVHW040521210926
848480LV00007BA/1549
* 9 7 9 8 2 9 5 8 8 3 5 6 9 *